AF232313

QUESTIONS RÉPUBLICAINES

LE FIGARO

PROTECTEUR DU GOUVERNEMENT

Suivi de

Spécimen de la petite Correspondance

PAR

MENDÈS

Rédacteur au *Libéral de Seine-et-Oise*

Prix : 15 centimes

> Quelle honte lorsque ceux qui
> sont établis pour régler les pas-
> sions de la multitude deviennent
> eux-mêmes les vils jouets de
> leurs passions!... Ils devraient
> régler les mœurs publiques, ils
> les corrompent; ils étaient éta-
> blis de Dieu pour être les pro-
> tecteurs de la vertu, et ils
> deviennent les appuis et les mo-
> dèles du vice!...
>
> MASSILLON.

PARIS

LIBRAIRIE MARIE BLANC, ÉDITEUR

54, RUE DOMBASLE, 54

Tous droits réservés

LE FIGARO

Protecteur du Gouvernement

Depuis le 16 mai le *Figaro* est d'une audace étonnante. Ce journal vertueux ne cesse d'attaquer les « radicaux », lisez républicains, avec une violence telle que le *Pays* est surpassé. Les républicains sont des assassins, des bandits, etc., etc., et si *les conservateurs n'enterrent pas les « radicaux », ces radicaux les fusilleront* (1).

Au dire de M. Saint-Genest, le rédacteur à la fois le plus distingué et le plus ingénieux du *Figaro*, depuis deux ans on imposait au Maréchal concessions sur concessions, et en face du pays étonné, de l'armée indignée, on lui faisait subir des hommes qui étaient un outrage pour sa personne.

1. *Figaro*, 24 juillet 1877.

M. Saint-Genest ajoute qu'au cas où en 1877 M. Thiers reviendrait au pouvoir il ne reviendrait porté que par les démocrates, remorqué par les démagogues, acclamé par le *Radical*, grâce à la protection de M. Gambetta (1).

Comment, M. Saint-Genest ose dire que M. Thiers est le protégé des *Communeux* !

Comment, M. Thiers, l'homme d'État estimé de toute l'Europe, le vainqueur de la Commune, le réorganisateur de notre armée et de nos finances, le libérateur du territoire, serait le protégé des communeux ! Allons donc ! ça n'est pas soutenable. Et je ne comprends réellement pas comment le Gouvernement, par respect pour un homme qui a dignement gouverné la France et par respect pour la France elle-même, laisse impunies de pareilles horreurs et de pareilles infamies qui ne peuvent que pousser les citoyens à la guerre civile.

Il est vrai qu'un gouvernement qui laisse M. Granier de Cassagnac soutenir que le Maréchal a un reflet de brumaire et de dé-

1. *Figaro*, 26 juin 1877.

cembre, c'est-à-dire qu'il serait capable de suivre l'exemple abominable de Napoléon Ier et de Napoléon III; qu'un gouvernement qui laisse affirmer par le même Granier de Cassagnac que la loi peut être impunément violée, que la légalité n'est rien, etc., etc., ne peut guère se montrer sévère en présence des stupidités figaristes.

Tel est le journal qui soutient le Gouvernement, tel est le journal qui soutient en particulier M. le duc de Broglie, *et par-dessus le marché M. Oscar de Fourtou*; tel est le journal enfin qui, ainsi que je le rappelais l'autre jour, est, au dire de l'*Indépendant des Basses-Pyrénées*, distribué aux maires de l'arrondissement d'Oloron sous pli cacheté portant l'inscription administrative officielle : « *clos par nécessité.* »

Un pareil scandale ne saurait être toléré plus longtemps. Comment ! tandis que des journaux aussi modérés que le *Temps*, le *Petit Journal*, les *Débats*, etc, etc., sont interdits sur la voie publique, le *Figaro* jouit du privilége d'annoncer librement à tous ses lecteurs que tel jour et à telle heure mademoiselle Aglaé se trouvera aux Ambassadeurs pour faire valoir son petit commerce !

Comment ! le *Bulletin des communes* pourra insulter, diffamer librement des hommes honorables, tandis que la libre circulation sera refusée aux journaux républicains les plus honnêtes !

Je le répète, un pareil scandale doit cesser au plus tôt, et je suis de l'avis de l'*Univers* lorsqu'il dit : Nous comprenons que les feuilles républicaines exploitent la présence du *Figaro* dans le camp gouvernemental. On a d'autant plus de raison de le faire que les ministres, particulièrement MM. de Fourtou et de Broglie, paraissent accepter ce concours humiliant.

Je soutiens que le *Bulletin des communes*, affiché dans toutes les communes de France, peut impunément diffamer des gens honorables.

En effet, voici ce que nous lisons dans l'*Indépendant du Loir-et-Cher* :

« Le *Bulletin officiel des communes* du 20
« juillet annonce que le tribunal vient de
« condamner le sieur Badaire, greffier de la

« justice de paix, à 500 fr. d'amende pour
« avoir dit calomnieusement que les prêtres
« étaient cause de l'acte du 16 mai et pour
« avoir publiquement outragé le Maréchal. »

Le fait rapporté par le *Bulletin des communes* est faux, par la bonne raison que
M. Badaire n'a été ni poursuivi ni condamné.

Qu'en pense le *Figaro*? Soutiendra-t-il
encore que les « radicaux » n'ont sans cesse
à la bouche, pour défendre leur politique,
que la calomnie et le mensonge?

Si oui, je fais avaler à toute la rédaction
figariste les mensonges et les calomnies que
nous constatons chaque jour dans les feuilles
gouvernementales.

Ah! si le Gouvernement veillait à ce que
une conduite aussi coupable fût réprimée,
nous n'aurions rien à dire; mais loin de là,
il invite les maires à afficher le *Bulletin des
communes*, sinon il les révoque.

Tel est le cas de l'honorable maire de
Montbard, qui vient d'être révoqué pour
avoir adressé au sous-préfet de Sémur la
lettre suivante, lettre qui fait le plus grand
honneur à l'honorable M. Trémisot :

Montbard, le 13 juillet 1877.

Monsieur le sous-préfet,

En réponse à votre circulaire de ce jour, concernant l'affichage du *Bulletin des Communes*, j'ai l'honneur de vous informer que j'ai cessé de faire placarder ce document depuis le 8.

Le n° 27 de ce *Bulletin* contient contre les 363 anciens députés républicains des imputations odieuses et mensongères que je réprouve, et dont je ne veux pas, par un affichage public, accepter la complicité.

Agréez, monsieur le sous-préfet, etc.

Le maire,

Trémisot.

Je dis plus haut que la circulation des journaux républicains n'est pas libre, et la preuve c'est que, dans la *Charente-Inférieure*, un capitaine de gendarmerie a, par une circulaire, enjoint aux gendarmes *d'arrêter*, aux gares des chemins de fer et aux bureaux des voitures, les colporteurs qui viendront y chercher les paquets de journaux, et comme les paquets sont enveloppés, de vérifier les ballots à l'arrivée, de saisir les journaux non *autorisés*, et de conduire les délinquants devant le procureur de la République.

Ce capitaine va plus loin. Dans un *post-scriptum*, il donne l'ordre à ses gendarmes de saisir et arrêter les journaux et les délinquants qui se sont établis dans *l'intérieur des maisons* pour y faire la vente des journaux. « Il faut, dit le gendarme en question, appliquer à ces vendeurs établis à l'intérieur des maisons, la loi commune. »

La *France* du 27 juillet, à qui est envoyée cette nouvelle, l'accompagne avec raison des commentaires suivants :

« La loi commune, c'est le respect de la loi individuelle et le respect de la propriété. La loi punit des travaux forcés à temps ceux qui, hors les cas où la loi ordonne de saisir les prévenus, auront arrêté, détenu ou séquestré des personnes quelconques. Quant à la violation du domicile des marchands établis dans l'intérieur des maisons, lorsqu'elle est commise par un commandant ou agent de la force publique, agissant en sadite qualité hors les cas prévus par la loi et les formalités qu'elle a prescrites, elle est punie d'un emprisonnement de six jours à un an, et d'une amende de 16 à 500 francs. Si un gendarme agissait par ordre de son supérieur, c'est le supérieur seul qui serait punissable. Voilà la loi commune. Il y a des juges en France pour la faire respecter. »

J'en appelle aux honnêtes gens de tous les partis : un semblable état de choses peut-il se prolonger plus longtemps ? Devons-nous le subir les bras croisés, sans protester avec toute l'énergie dont nous sommes capables contre la véritable violence, la véritable persécution qui étreint, de par la volonté du Gouvernement, des journaux qui déplaisent ? Et ne sommes-nous pas en droit de nous étonner qu'un ministre tel que M. de Broglie, qui se dit « catholique, » accepte l'appui du *Figaro* ?

M. le Duc peut-il, de gaieté de cœur, entendre, dans le *Figaro* du 24 juin, M. Junius, *vulgo* Clément Duvernois, lui adresser ces louanges :

« Après la satisfaction d'être estimé par
» les braves gens et d'être loué par les gens

« de goût, il n'en est pas de plus douce que
« d'être blâmé par les imbéciles. Aucune de
« ces joies ne vous a manqué, monsieur le
« Duc, ce que l'on résume en disant que vous
« êtes *impopulaire*; *c'est par là surtout que*
« *vous m'êtes sympathique.*

Et au cas où M. de Broglie accepterait sans
protestation la *sympathie* de M. Clément
Duverncis, ne sommes-nous pas en droit de ré-
pondre à M. le Duc qu'il n'est pas difficile en
matière de sympathie.

Depuis longtemps j'entends appeler par
mes coréligionnaires politiques le ministère
actuel « le ministère *des curés.* » C'est une
erreur. Non, le ministère actuel n'est point
le ministère des curés, c'est-à-dire un ministère qui suit les principes recommandés par
les vrais curés, en un mot, qui suit les principes recommandés par l'Église. L'Église
prêche la douceur et la mansuétude, et le
ministère combat avec une telle violence
ses adversaires qu'il s'éloigne absolument
de l'esprit de cette Église qu'il est sensé
défendre.

Quel est l'esprit de l'Église? Mgr Guibert,

archevêque de Paris, nous l'apprend dans un discours prononcé il y a trois ans au Congrès catholique :

« Il y a une tactique sage à observer, nous dit le cardinal-archevêque de Paris; sur les champs de bataille les catholiques se battent comme les autres, même mieux que les autres soldats. Dans les luttes de l'ordre moral, ils ne doivent jamais s'écarter de l'esprit de l'Église. L'Église est une puissance modératrice qui ne fait rien par soubresauts et qui procède avec sagesse; ne précipitons rien, agissons avec modération, parce qu'autrement on soulève des réactions. *Tout acte violent amène une réaction de la part de ceux contre lesquels on agit.* Votre Congrès aura du retentissement : il est impossible qu'il n'en ait pas. Ce n'est point là ce que vous cherchez, je le sais; mais ce sera une conséquence nécessaire de votre réunion imposante et de vos discussions élevées. Mais souvenons-nous de la maxime de Mgr Affre : « Peu de bruit, beaucoup de fruit. » Que toutes les décisions du Congrès, que vos œuvres soient marquées de ce caractère de *sagesse* et de *mansuétude*, mais de forte mansuétude ; car la *violence* n'est pas *forte*, seule la *mansuétude*, qui tend avec persévérance à un but, jouit de la puissance d'entraîner et de vaincre.

« Quand Notre-Seigneur nous a envoyés dans le monde, il ne nous a pas envoyés comme des lions. Je ne devrais peut-être pas vous parler ainsi, car, dans mes armes, j'ai mis un lion, mais à côté j'y ai ajouté un agneau. (Sourires dans l'assemblée). Notre-Seigneur nous a dit : *Ecce ego mitto vos sicut agnos inter lupos.* » Les prêtres qui sont ici ont lu dans le bréviaire le commentaire qu'a fait sur ces paroles un Père de l'Église : Tant que nous sommes agneaux, nous ne pouvons pas être vaincus, parce que nous sommes forts de la force de Dieu. Mais si nous nous faisons *loups,* c'est-à-dire si nous nous livrons à ces moyens qui sont étrangers à l'esprit de l'Église, alors la victoire nous fera défaut, et nous succomberons. »

Le Ministère se fait-il agneau selon l'esprit de l'Église ? Non, il se fait *loup*, c'est-à-dire qu'il se livre à des moyens étrangers au véritable esprit chrétien, donc le Ministère actuel est improprement nommé le *Ministère des curés;*

Et comme les ministres préfèrent se couvrir de la peau du *loup* plutôt que de la peau de l'*agneau*, ils succomberont infailliblement.

C'est là une vérité à ce point évidente par elle-même qu'elle n'a point besoin d'être plus amplement démontrée.

Qu'il me soit permis d'engager tous les braves et honnêtes gens à m'aider dans la campagne par moi entreprise depuis quelque temps déjà contre le *Figaro*. Ainsi que je l'affirme dans une brochure parue récemment (1), il faut à tout prix chasser loin de la voie publique les miasmes pestilentiels figaristes, parce qu'ils sont préjudiciables, tant au point de vue matériel que moral, à la santé de nos concitoyens.

Y aurait-il par hasard quelque doute à cet égard? *Si oui*, j'engage en terminant les lecteurs qui voudront bien m'honorer de leur

(1) *Les candidatures officielles*, chez Marie Blanc, éditeur, 54, rue Dombasle, Paris. Prix : 15 centimes.

confiance à méditer avec la plus grande attention le spécimen ci-contre de la petite *Correspondance du Figaro,* convaincu que je suis qu'après une lecture attentive de ce factum ils diront avec L. Veuillot :

« Nous comprenons que les feuilles répu-
« blicaines exploitent la présence du *Figaro*
« dans le camp gouvernemental, et l'on a d'au-
« tant plus de raison de le faire que les Mi-
« nistres, particulièrement MM. de Fourtou
« et de Broglie, paraissent accepter ce con-
« cours humiliant. »

ARMAND MENDÈS,
républicain conservateur.

Paris, août 1877.

SPECIMEN

de la petite Correspondance

DU FIGARO

—

L. U. A. P., rue Milton, p. rest. La Dame aux Lilas, pour cause sér., n'a pu se rend. rendez-v.! Indiq. autre. L. V.

N IHIL. Pas parti. Passé 5 fois s. v. voir, Hélas ! Cœur pl. de v.

CHATOU. Laisse dire et ai foi en celle qui t'ad. Ecris librement, je suis seule. — Hélène.

JOANA. Cœur souf. Ind., j., heu. h. t. v. seule. Dirai tout. Rend. heur. si voulais. A t. p. touj.

GABRIELLE. M. d'env. de v. v. Fixez rendez-v. Fid. inalt.

R. Petite amie, pense à toi, t'aime. Souvenirs délicieux. Viens bientôt. Lettres trop réservées, trop rares.

N COES. Srall. 8 et 9, non 7 (erreur, s. doute dans chiff.). Libre du 22 au 9. Serai Pau 29 soir. Moi, 72 ou 92. Encore 40 j. Mais crains ne pas voir bonh., car ce calme me désesp. et souff. me tue : ne dors plus. Ai cru au bonh. et ai pu tenir mon P., mais vois que pour toi imposs., car ne dis pas si dans 40 j... Meurs pour toi, qu'imp. le reste? B. à toi seul. — Ivua.

NOCSE. Rien depuis 6e. Très inq. Encore 45 jours, mais ne sais si désesp. ne me tuera pas avant, car toi ou la mort. Rép.

HELDER. Belle inconnue, quand pourrai-je vous parler? Répondez sous init. S. R., p. rest., rue Taitbout.

GARDENIA. Que fais-tu, mon ange adorée? Quand tu es partie, j'ai été bien triste et contrarié de n'avoir pu même t'embrasser. Je compte trouver occasion et venir te voir dans huit ou dix jours. J'espère que tu reçois toujours journal. Ne m'as-tu pas oublié, moi je t'a. toujours et plus que jamais.

NCSOE. 4. Oui fin 5e, mais sois seul. Soigne-t. b. La souff. est au comble, et, si d. 2 mois, tout n'est pas réal. je ne serai plus : le jure. T. ou la m. B. me tue sans p. cher. Le comprends-tu ?

MIA CARA GIOJA. Je vis du passé. Ma pensée à toi. Comme je t'a. — Paco.

AF. ESP. être sam. soir rendez-v. quel bonh. Touj. à toi. F. A.

LYON. On pense sans cesse à vous, tant on vous aime.

NIHIL. Les h...d'hier seront les plus exquis de ma vie.

JOANA. V. te voir s. t'emb. si v. rend heur. trouv. moy. att. lett. Plus de pat. dev. fou. A v. touj. — Beauté.

DEM. dame comp. jne, jol., instr. Voyage! D. K. Taitbout.

J. S. 606. A quand le bonh. de te voir ; dis-le moi. Mille b.

A. E. I. Soir pref. ami ; mais mat. que faire si ne puis trouver S. 2. Attends instruc.; serai chez moi dim. presque sûr, matin. — A. A. P.

A. E. I. Merci, ma bien-a. A toi touj. ; ne pense et n'a q. toi. A. A. P.

Z. Pardonne, ma bien-a., si ma bouche traduit mal mon cœur. — Z.

A... St-Pétersbourg. Séparation cruelle. T'ai. p. q. j. Ne crains rien ; revoir l'ingrate, jam. ! A. t. d. c. — A.

U 4. Ne m'en voulez pas, je v. en supplie. Doutez-vous de mon am. ? Il me rend assez malh. Je vous a. tant.

MAI. Le 15, à 4 h., endroit habituel. Dîne-rons.

---

5. Puis-je écr. s. crain. p. r. Quand. dang. prév. pr un mot. Non.

J. CH. Pensez un peu dans vos promenades sous les grands bois, à celui qui pense si souvent à vous et qui n'a point osé vous faire un aveu qui est une folie, mais que vous devriez lui pardonner, car c'est vous qui l'avez rendu fou. Ayez pitié de lui.

OUBLIE, chère f.... mes caprices ; pense seulement à la tendre et éternelle affection que tu m'inspires, ton image et tes gentillesses seront gravées dans ma mémoire. A ton retour t. me trouver. doux et dévoué. — *For ever.* — Muguet.

MISSETTE. Je t'a., et ch. j. c'est plus. Voud. t'éc. C'ét. bien toi que Violette concernait, car sil. inq. quand on a. tant! Suis passé là-bas, en ef., venant de la Divis., mais par tr. de nuit.

DEPUIS que l'esclave a perdu son maître, passe ses jours comme un fou, en tournant devant sa statue, qui le regarde insensible. L'humble nègre ne demande rien ; aie pitié de lui et ne le méprise pas. — Lapiz.

A EI. Touj. même sil. ! Mon cœur att. avec conf. 1000 a. A. A. P.

DARLING. Suis bien heur. Si tourmenté dep. vend. Quels charm. inst. j'ai passés près toi. Merci. A mercredi. L. L.

BERTHE. Choses sérieuses à v. dire ; accordez-moi, charmante et mignonne, ine. plaisir de v. rencontrer mercredi matin.

LYON. O. 4. Merci, fiancé b. a. J'étais si triste sans nouv. désespérée de ne pouvoir t'en donner. Souviens-toi q. je ne t'ai pas prêté mais donné mon cœur, mon âme, mon intelligence, ma vie et ma santé. Tout mon être est dans tes mains. Un am. c. celui-là grandit t. ou détruit t. J'étais si accablée de revenir sans nouv. que j'avais mal lu en voyant ma faute. J'ai été si malheureuse que j'ai perdu sommeil et appétit. Au bout de 4 j., il a fallu faire repincer mes robes. Je t'a. à en mourir. Pr t'enlever t. ombrage, j'ai rompu avec tous mes amis sans en garder un seul. Souviens-t. que tu es le monde, la famille, t. p. m. Ecris-moi, je t'en prie, sans crainte ; tu as ce qu'il faut contre difficultés p. p. notre avenir, je le fais aussi. Je te bénis.